Faculté de Droit de Paris.

THÈSE

POUR

LE DOCTORAT,

SOUTENUE

Par **L. GUÉPIN**,

AVOCAT A LA COUR ROYALE.

Paris.

IMPRIMERIE DE LEBÈGUE,

RUE DES NOYERS, N° 8.

11 AOUT 1835.

THÈSE
POUR LE DOCTORAT.

L'ACTE PUBLIC, SUR LES MATIÈRES CI-APRÈS, SERA SOUTENU

Le Mardi 11 Août 1835, à trois heures,

PAR LÉON **GUÉPIN**, NÉ A ANGERS (MAINE-ET-LOIRE),

AVOCAT A LA COUR ROYALE.

PRÉSIDENT, M. **PELLAT,**

SUFFRAGANS,
{
MM. DURANTON,
ROYER-COLLARD,
ROSSI,
VALLETE, Suppléant.
} Professeurs.

Le Candidat répondra en outre aux questions qui lui seront faites sur les autres matières de l'enseignement.

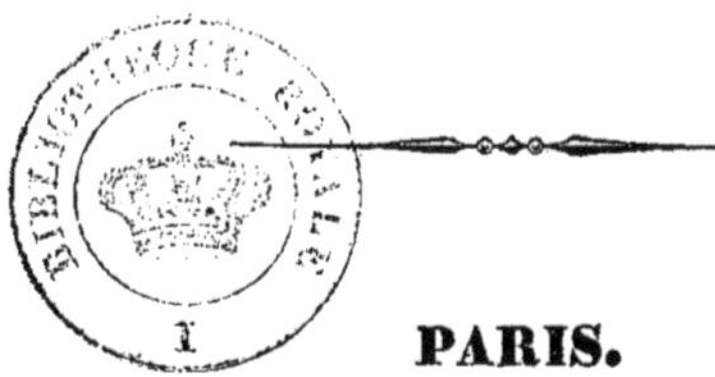

PARIS.

IMPRIMERIE DE LEBÈGUE,

RUE DES NOYERS, N° 8.

1835.

A MON PÈRE ET A MA MÈRE.

JUS ROMANUM.

PROŒMIUM.

Quum in istis Interdictorum tenebris et inextricabili quondam
errore tutius jàm per Gaïum ambulare liceat, ex re tamen sit,
opinor, ut quodammodo faces euntibus præferantur, destinatum
operis ordinem breviter exponere.

Interdictorum igitur origine, utilitate, vi, tum divisione, ordine, exitu generaliter tractatis, hæc aggrediar diligentius quæ
proprie possessoria dici possint retinendæ scilicet ac recuperandæ
possessionis Interdicta.

Erit obiter juris et temporum servanda successio, jam ut videas
ornatissime lector totam disputationem eò versari ; jure antiquo
Interdicta generaliter, possessoria quæ specialiter fuerint ; his
jure novo quid videatur immutatum.

JUS ANTIQUUM.

DE INTERDICTIS.

(Digestorum, lib. XLIII, tit. I.)

Interdicta, ut ex Gaio colligitur, formæ fuerunt et conceptiones
verborum quibus Prætor aut Proconsul, interposita finiendis controversiis auctoritate, vel aliquid fieri jubebat vel fieri prohibebat.

Sed ne diutiùs in incerto pendeamus re potiùs quam verbis definire placet.

Cùm antiquitùs lege proderentur actiones certis tantùm ex causis et judicia formularum rigor strictè concluderet, eveniebat, quod bene moratæ civitatis non est, deficiente legum auxilio, ut jus etsi naturâ maximè quæsitum civiliter vindicare quandò que non liceret.

Ità quo magis rem exemplis illustremus, loca sacra, religiosa, publica, cum jure civili nullius essent, si per prædonem occuparentur non poterat actio dari nec familiæ sacellum aut sepulchrum, nec populo ripa vel flumen vindicari. Simili modo Lex xii Tabularum dominia rerum actionibus, possessionem ipsam quamvis ad usucapionèm perducèret nequaquam per se tuebatur; atque ità possessor, re nundùm usucaptâ dejectus, si summo juri standum esset nullo modo poterat restitui.

Hoc autem quàm late patuerit jam ex eo videre est quod soli provincialis et agri publici possessio tantùm apud privatos reipublicæ dominium esse credebatur. (V. *Gáius*, ii, 7.)

Prætor tamen cum neque vim tolerare vellet nec legem auderet constituere, mediâ quadam viâ, non generaliter et in rem vim fieri (V. *Gratiâ*), vel in publico ædificari vetuit sed ut res postulabat pronontiavit se interdicturum.

Ita singulari quodam jure constituto, si mos jubenti non gereretur, jam actione in factum conceptâ apud judicem quæri poterat an contra Prætoris edictum factum esset vel factum non esset quod is fieri jusserat.

Ea quidem Prætoris jussa in singulis controversiis renovari et privilegii, ut ita dicam, loco obtinere his verbis Ulpianus egregiè significat « Interdicta licet in rem videantur concepta vi tamen ipsâ personalia sunt.

Interdicta autem appellabantur ob interpositam specialiter Prætoris auctoritatem qui propriè jus dicit, edicit, addicit, interdicit; quemadmodum judex judicat, adjudicat, interloquitur. Nec nos fallit Interdicta quasi inter duos dicta à Justiniano vocari, ab aliis verbum ex eo ductum, quod Prætor prohiberet atque, ut aiunt,

interdiceret : sed quamvis hanc opinionem Gaïus noster distinctione nimis subtili confirmet (V. iv, 140) meminimus veteres
originum auctores non satis probatos.

Interdicta actionis verbo contineri docet Ulpianus (*l.* 37, *de*
obl. act.) Nec mirum nàm et actio sequebatur, et ipsa Interdicta ,
in albo proposita, edi et à Prætore reddi solebant. Plurimùm
tamen distant ab actionibus, re scilicet ac formâ ; nam actio datur
ex jure anteà constituto , Interdictum juris ipsius et actionis
initium est, ità ut fructus, si qui sint, redditi interdicti tempore non retro plerumque computentur.

In actionum formulis judici, in Interdictorum litigatori per
Prætorem imperatur; intentio, demonstratio, condemnatio quæcunque demùm in actionibus reperiuntur Interdictis planè aliena
sunt. Sed ut id exposito interdictorum ordine perspicuum fiat,
prius res postulat pauca de divisione prædicamus.

Interdictorum multiplex ac pene infinita varietas est, quippe quæ
aut de divinis aut de humanis rebus, aut de rebus nullius aut
de his quæ sunt alicujus, aut de rebus publicis aut de re familiari
competunt. Ex his quædam annalia quædam perpetua, quædam
directa quædam utilia, (V. *frag. Vatic* 93) vel noxalia aut
de peculio et de in rem verso reddebantur. Quædam ad res
singulares pertinent quædam ad universitatem, et modò possessionis tantum, modo proprietatis mixtam causam continent.
(V. *l.* 1, 2, 5 *h. tit.*) Inde cognoveris licet quam late pateat
interdictorum jus, dùm Prætor religionis majestatem, parentium
patronorùm que potestatem, hominum, viæ publicæ, navigationis
libertatem, omnis denique rei vel juris possessionem tuetur.

Generalis tamen in eo divisio est quod aut prohibitoria sunt
interdicta aut restitutoria aut exhibitoria. Prohibitoria sunt nempè
cum quid Prætor fieri prohibet veluti vim sine vitio possidenti,
restitutoria vero aut exhibitoria cum aliquid restitui vel exhiberi
jubet veluti possessionem dejecto, libertum patrono. Prohibitoria
Gaïus *interdicta* propriè, cetera autem *decreta* esse jubet; sed
definitio ut diximus subtilior in Pandectis jàm exolevit.

Quædam et mixta esse tam prohibitoria quam exhibitoria docet

Ulpianus, ex quo genere forsan « de liberis exhibendis, » (V. *l.* 3,
§ 1, *h. tit.*) item prohibitoria et restitutoria sunt ut pote de aquâ
cottidianâ (V. *h. tit. l.* 1, § 1.)

Sequens divîsio, etsi minus lata, est adipiscendæ, retinendæ,
recuperandæ possessionis. Adipiscendæ possessionis gratiâ com-
parantur Quorum bonorum, Possessorium, Sectorium (*Gaïus*, IV,
145, 146.) Salvianum; sed ea jàm dicis causâ enumerare satis erit,
quippequæ nomine tenus ad possessionem, reipsâ ad universitatis
alicujus vel pignoris vindicationem spectant. Retinendæ possessionis interdicta Uti possidetis Utrubi; recuperandæ Undevi,
De precario accommodantur; de quibus singulis diligentius tracta-
bimus. Forsan et aliqua reperiantur mixta tam recuperandæ quam
apiscendæ possessionis interdicta, ut pote illud « ne vis fiat ei »
(*l.* 3, § 2 *et l.* 1, § 3 *h. tit.*) Nisi potius *l.* 2, § 3, *de interd.*
mendosa est et postrema verba à margine in textum subrepsêre
(V. *Cujas*, *Obs. lib.* IV; *id recitationes. ad h. leg.*)

Accedit tertia divisio interdictorum, aut enim simplicia sunt
aut duplicia. Simplicia dicuntur in quibus alter actor reus est
qualia sunt omnia restitutoria aut exhibitoria, actor enim reum
exhibere vel restituere desiderat. Prohibitoriorum autem alia
duplicia alia simplicia sunt; duplicia scilicet Uti possidetis, Utrubi,
De superficiebus cœtera autem simplicia. Et ideò duplicia vocantur
quia uterque litigator tam rei quam actoris partes obtinet.

Jam ad exponendum negotii ordinem pervenimus, his necessario
de divisione præmittendis, res enim aliter se habet ut quid
prohibitorium vel restitutorium exhibitorium ve, ut quid simplex
aut duplex interdictum est.

Nunc, ornatissime lector, modò animum in prædicta referas,
simul ac Prætor interdictum dederit non statim in jure peragi
negotium memineris. Igitur ad judicem vel recuperatores iri hodiè
certum est, (*Gaïus,* IV, 141) quod olim contrà credebatur, licet
monnulli jàm ignotis Gaii commentariis rem ita se habere conje-
cerint. (V. *l.* 3, § 3, *delib. exhib.*) Sanè in jure confessi cum in
cæteris actionibus tum in interdictis pro judicatis erant; (V. *l.* 6, §
2, *de confess.*) sed si de facto ambigeretur editis formulis in

judicio quærebatur an aliquid contrà Prætoris jussum factum esset vel factum non esset quod is fieri jusserat.

Ut à simplicibus incipiam, ex restitutoriis et exhibitoriis modò sine periculo per formulam arbitrariam, modò cum periculo per sponsionem agebatur. Liberum enim erat reo priusquam de jure exiret arbitrum postulare, cujus arbitrio si quid restitui deberet id sine pœnâ restitueret atque ità absolveretur.

. Sed si tacitus de jure discederet res ad exitum perducebatur cum periculo : nam actor adversarium sponsione provocabat ille autem restipulabatur, et ità ferè sponsionis se formula habebat « si contrà prætoris edictum non exhibueris aut restitueris 10 v. gratiâ aureos dare spondes? Item restipulationis in contrarium concipiebatur » si restituero vel exhibuero etc. » ; sed actor sponsionis formulæ subjungebat et aliud arbitrarium judicium « ut si sponsione vicerit nisi restituat adversarius quanti ea res est condemnetur ». Ità apud judicem actor non restituisse intendit, reus autem se restituisse vel quod reverâ restituerit, vel in eâ causâ sit ut restituere non debeat. (V. *Cic. pro Cæc. chap.* 8, 16 *et* 28) Judex cum id exploravisset, si secundùm actorem judicaretur adversarium sponsionis summam condemnabat, actore convenienter restipulationis absoluto, hoc amplius nisi reus rem restitueret(V. *l.* 68, *de rei vind*) quanti ea res erat condemnabatur propter subjunctam ut diximus formulam. Si contrà actorem judicatum esset is sponsionem pœnæ nomine condemnabatur.

Hæc ità in restitutoriis vel exhibitoriis interdictis, ex prohibitoriis autem per sponsionem semper agi solebat. Quod si duplex interdictum esset (duplicia quidem interdicta prohibitoria fuisse meminerimus) uterque cum simul actoris atque rei partes obtineret, tum sponsione provocabat tùm restipulabatur. De duplicibus ea nunc generaliter, ut enim se res ulterius haberet in uti possidetis interdicto opportuniùs exponetur.

Denique si de ejus ordinis antiquitate requiramus, jam per sponsionem agi M. Tullii temporibus in oratione pro Cæcinâ ipse præclarus nobis auctor est. Et ea quidem formula, quantùm conjecturâ valemus, mediam inter legis actionem sacramento et vindicationes per sponsionem videtur originem obtinuisse. (V. *Gaïus*, IV, 13 *et suiv*. 93 *et suiv*. 161 *et suiv*.) In interdictis enim nulla jàm consertio manuum sponsio tamen pœnalis est, in vindicatione sponsio dicis nomine et tantum præjudicialis intervenit ; tandem in arbitrariâ interdicti formulà ad propositum rectâ viâ pergitur. Hinc Prætoris morem animadvertas licet , timidis primum incrementis interdicta non edicta proponere, actiones per sponsionem et quodammodo contrà volentes dare (V. *Gaïus*, IV, 170.) Mox, firmato ad majora animo, removere ambages , et cum in eâ juris parte tùm in reliquis actiones directo polliceri. Igitur ex qu bus causis solebant interdicta dari et prætoria judicia comparata sunt, ut jus utrumque Juliani temporibus jàm concurreret utpote interdictum Salvianum et Serviana, Quorum bonorum et possessoria hereditatis petitio de precario et præscriptis verbis (V. *l.* 19 *de precario*) et de provincialibus prædiis non modò interdicta sed et utilis vindicatio competeret. (V. *l.* 12 , §. 2 *de Publ. in rem*), Hæc forsan Gaïus miserè interciso paragrapho ; (IV, 170) Sanè breviora quædam pro sponsionibus constituta fuisse significabat, ut si nulla in Pandectis ejus ordinis mentio habeatur (V. *uti possed. l.* 3. §. 11) id inducto per Prætorem compendio nec Triboniano imputari possit.

Nota. Quando potestas Prætoris in tantùm se auxerit ut actiones directò polliceretur sanè incertum est, valet tamen illa conjectura egregiè per M. Tullium confirmata (V. *pro Tullio*, *chap.* 11) id eï per Marianas et Sullanas discordias primum audaciæ venisse.

DE POSSESSORIIS INTERDICTIS.

De interdictis suprà generaliter, nunc de iis dispiciamus quæ propriè ad possessionem spectant. Ea scilicet aut retinendæ possessionis sunt aud recuperandæ , nam apiscendæ ad rem non pertinere satis constat in quibus possessio nulla requiratur.

Possessio autem in illis interdictis animo et corpore constitisse debet, animo scilicet nostro corpore etiam alieno , et satis est si

possideamus quamvis usucapio non procedat puta si res furtiva sit
vel ab uxore donata , vel si rem pigneratam aut precario habeamus.
His tamen qui non possident sed in possessione sunt (veluti
colonus aut inquilinus) interdicta non competunt.

Bona fides etiam non requiritur , modò ab ad versario nec vi
nec clàm nec precario possideamus , hæc enim triplex exceptio
perpetuo in plerisque interdictis inest (V. *l.* i , § *uti poss ; Gaius,*
iv, 150 , 154 , u. *tamen eod.* 155 *et pro Cæcinà chap.* 31) cum
fuerit justissimum ex quibus causis interdictum ad recuperandam
possessionem inde ad retinendam exceptio comparetur. Cæterùm
is interdicto polior erit qui non vitiosè ab adversario possideat
licet ab alio (V. *l.* 2 ; *Uti possid.*) et hoc est quod vulgò dicunt
« adversus extraneos vitiosam possessionem prodesse solere. »

Simili modo juris possessoribus Prætor cum propria tum illa
quæ de possessione dabantur interdicta accommodabat ea tamen
utilia (V. *frag. vatic* § 93) primùm de retinendæ possessionis
interdictis non servato ordine edicti dicamus cum retinere possessionem priùs sit quam reciperare.

SECTIO I. RETINENDÆ POSSESSIONIS INTERDICTA.

Ejus modi principalia sunt Utrubi, Uti possidetis, alia etiam
benè multa comparaverat Prætor retinendæ possessionis vel quasi
possessionis veluti de cloacis , de superficiebus, de itinere , sed
ea propositi finem excedunt.

Uti Possidetis.

(Dig. lib. XLIII, tit. 17.)

« Uti possidetis » nomen capit abipsâ formulâ ; ait enim Prætor
« uti eas œdes (Festus eum fundum) nec vi nec clam nec precario
» alter ab altero possidetis, quominùs ita possideatis vim fieri veto. »
Hoc interdictum prohibitorium , est et retinendæ possessionis
soli ; competit igitur sive quis totum fundum , sive pro certâ
parte sive pro indiviso possideat ; et de Italicis et de provincia-

libus prœdiis et de omnibus denique rebus soli locum habet modò possideri possint. De cloacis tamen non datur nam proprium eâ de re comparatum est.

Proponendi autem Uti possidetis causam fuisse docet Ulpianus quod possessio separari debet à proprietate, (*l.* 1. § 2 et 3) et quotiens in rem agitur priùs est de possessione statuendum ut rei vindicatio ordinetur; sed præterquàm si de juris origine quœrendum est illud subtilius videtur, meminerimus interdicta dari cœpisse cum legis actiones vigerent, nec ibi in vindicatione proprio interdicto opus fuisse, nàm Prætor vindicias dabat et ità possessor constituebatur. (V. *Gaïus*, iv, 16. Ut cœtera possessoria hoc etiam interdictum eorum gratiâ comparatum putem qui agrum publicum possidebant, nam istos quidem, licet dominium penès rempublicam nomine tenùs, multis ab hinc annis prædonum more non fuissé Gracchani tumultus argumento sunt. Igitur, cum in rem agere non possent, interdictum eis competebat : sed explosis legis actionibus priusquam res vindicaretur animadvertere plerumque debuerunt an interdictum utilius non esset (V. *l.* 24 *de rei vind*) quæ consuetudo nimirùm Ulpiani temporibus jàm inveterata pristini juris memoriam obliteravit.

Utipossidetis competit ei qui possidet nec vi nec clàm nec precario ab adversario ; et ità demum competit si possidenti vis facta est, nec tamen fuerit dejectus, nam eo casu cessat Uti possidetis et Undevi locum habet. Vis autem intelligitur non utique atrox sed si possidenti controversia fiat per quam te uti arbitrio suo non liceat. (V. *l.* 11. *undevi sub hoc titulo malè positam.*)

Exiisdem causis interdictum fructuario sed utile accommodandum est, (V. *frag. vatic.* § 93). Superficiario non Uti possidetis sed proprium interdictum, (V. *tit.* 18 *h. lib.*) rursùs domino contrà superficiarium competit sed Prætor superficiarium tuebitur secundum legem conductionis.

Hoc interdictum annuum est, sed et post annum datur si quid ad adversarium pervenerit. (*l.* 4. *de interd.*)

Cum autem et duplex habeatur paucis verbis duplicium interdictorum ordinem quantùm ex Gaïo conjectura capere licet expo-

nemus. Scilicet interdicto reddito per sponsionem agitur; in jus iterùm veniunt litigatores, sed cum uterque actor atque reus et de ipsâ possessione controversia sit, ne liti fiat præjudicium, possessionis emolumentum inter se licentur. Ut quis igitur fructus licitatione victor extitit, is Prætoriâ stipulatione, quæ fructaria dicitur, adversario cavet : (*Gaius*, iv, 165 et 169). « Nisi pos-
» sessionem ad se pertinere probaverit, fructus quos interim per-
» ceperit restituturum. » * Deindè, (166. *d. l.*) postquam uterque tùm sponsionis tum restipulationis formulam edidisset, subjungebat sine dubio (*Gaius*, iv, 165) is qui licitatione victus erat judicium de restituendâ possessione quod in uti possidetis interdicto Cascellianum vocatur. Ita, judex actioni datus, illud scilicet requirit. « Uter eorum fundum, nec vi nec clàm nec precario ab adversario, possederit per id tempus quo interdictum redderetur » et si secundùm eum judicet qui licitatione vicit, adversarium sponsionis tantùm et restipulationis summas condemnat. Sin contrà, sponsionis et restipulationis et fructus licitationis summas (*Gaius*, iv, 167.) pœnæ nomine solvere, præterea possessionem ipsam fructus que interim perceptos restituere jubet.

Huic ordini sanè intricato et perveteri, nàm ad exemplum actionis sacramento fingitur, (*Gaius*, iv, 16 *et seq*) aliquid compendium ulterius allatum est quamvis id quale fuerit præfracto loco (iv, 170) intelligere non liceat. An Prætor directò in factum actiones contra contumaces dedit omissis jàm sponsionibus? utrùm generale illud compendium an ad duplicia tantum interdicta pertinuerit?

Jam et ordinem et causam obiter hujus interdicti exposuimus pauca tamen de ipsâ condemnatione supersunt: scilicet Cascelliano judicio ità demùm condemnabatur possessor si non restituisset, (*Gaius*, iv, 166, *in fin* 167; *et l.* 68 *de rei vind*) tanti autem condemnatio fiebat quanti adversarii interfuisset possessionem retinere, nam Servii sententia non sequenda est existimantis tanti

* Erat et omissâ fructuariâ stipulatione directum de fructus licitatione judicium. (V. 169.)

litem æstimandam quanti ipsa res est, longè enim aliud est rei
pretium aliud possessionis.

Utrubi.

(Dig., lib. XLIII, tit. 31.)

Hoc interdictum extra propositam materiam versatur, ea obiter
dicta sufficiant, duplex et prohibitorium et retinendæ possessionis
fuisse. In eo autem vincebat Gaii tempore qui majore parte anni
nec vi nec clàm nec precario ab adversario possedisset. (V. *formulam Gaius*, IV, 160; V. *eod* 150 *et* 151) apparet etiàm hoc
interdictum et recuperandæ possessionis fuisse (V. *Theop. ad.* § 4,
in fin de interd.)

SECTIO II. RECUPERANDÆ POSSESSIONIS INTERDICTA.

Prætor ut amissam possessionem recuperarent tria comparaverat
interdicta, Undevi, De precario, De clandestinâ possessione. Sed
hoc, Juliani temporibus adhùc usitatum, in Pandectis jam exolevit
ubi uno tantùm loco et subrepticiè proponitur. (*l.* 7, § 5, *com.
divid.*)

Causa subesse videtur, quod mutato in melius jure, possessionem animo retineri multis paulatim casibus (V. *l.* 18 § 3; *l.* 25
§ 2, *l.* 46; *l.* 3 § 7. *de adq. poss.*) et tum denique putaverunt
cum quis me absente et ignorante possideret; (V. *l.* 6, § 1, *de adq.
poss.*) quod si revertentem prædo non admisisset, utpote qui
dejicere videretur vi possidere non clàm Ulpianus ait; (*d. l. b.*)
ergò Unde vi competebat, nec proprium interdictum desiderabatur.

Undè vi et devi armata.

(Dig., lib. XLIII, tit. 16.)

Sub eâ rubricâ duo interdicta continentur, quæ jàm M. Tullii
temporibus extitisse ipse nobis auctor est : (V. *Pro Cœcina, chap.*
8, 22, 31) alterum scilicet Undè vi, (*apud Ciceronem devi cotti-
diana*) alterum Devi armatà dicitur, eorum veteri jure dissimilis

valdè causa fuit; multa tamen inter se communnia habebant. Cæterùm quò distarent in interdicto de vi armatà exponemus; igitur si quid præghtereà in uno dixerim hoc in altero dictum putes.

§ I. *Undè vi.*

Hoc interdictum ab ipsâ formulâ nomen trahit « undè tu illum vi dejecisti aut familia tua dejecit, cùm nec vi nec clàm nec precario à te possideret, eò illum restituas »
(V. *Dig h tit* § *et Gaïus*, IV, 154). Est autem restitutorium, et generaliter ad omnes res solo cohærentes pertinet undè quis dejectus fuerit; (V. *l.* 1. § 5 *et* 8) ad mobilia autem non pertinet, sunt enim ut ait Ulpianus furti, vi bonorum raptorum, ad exibendum actiones, et quod ad possessionem spectat poterat inter annum per Utrubi interdictum recuperari. (V. *Gaïus* IV, 152; *et Theop. ad* § 4 *interd*) competit autem ei qui dejectus est vel heredi ejus, sed ita si cum ille possideret possessione suâ et quidem vi dejectus fuerit. Hoc amplius ab eo qui dejecit oportet nec vi nec clàm nec precario possederit tunc cùm dejiceretur, nam si ab eo vitiosè possidebat impunè dèjicitur. Eadem de quasi possessore dicemus modo eadem etiam concurrant; igitur et fructuario et ei cui usus relictus est Unde vi interdictum sed utile competit.

Ei qui usucapere non potest cum tamen possideat Undèvi utile erit, colono autem vel inquilino non utique quia non possidet (V *l.* 1. § 9 *et* 10).

Dejicitur quis ità si possidere cœperit non etiam si possessionem ingredi prohibitus est. (V. *l.* 18) et dejectus rectè habeatur si dejiciatur is per quem possidebat : sin autem vi coactus tradiderit possessionem propriè non dejectus dicatur sed metûs causâ agendum erit. Vis in hoc interdicto intelligitur non ea quæ in uti possidetis sed atrox tantùm, ut tamen sine personali vi locum habeat; putà si quis à supervenientibus fugatus est et illi occupaverunt possessionem.

Competit Undè vi in eum qui vi dejecit omnimodò inter annum utilem, post annum etiam datur ex eo quod pervenit. Nec modò interdicto tenetur qui ipse dejecit sedetsi mandatu ejus familia, procurator, filius, vel ipse ratum habuerit.

Quod si ignorante me dejecerint quos in potestate habeo interdictum in me competit sed noxœ dedendo indemnis ero.

Id interdictum heredi, non tamen in heredem, nec liberis in parentes nec libertis in patronos datur, nam atrocitatem facinoris in se habet, sed actio in factum erit danda.

Superest ut de causâ interdicti dispiciamus, et sanè in restitutionem veniunt possessio ipsa vel quasi possessio (V. *l.* 9, § 1, *l.* 10) et quidquid ibi tunc habebam unde dejectus fuero, ita fieri potest ut mobiles etiam res contineantur, omnimodò autem restitui debent et si meæ vel commodatæ vel pigneratæ. Fructuum etiam sed ex die quo quis dejectus est ratio habetur, quamvis in cœteris interdictis ex die quo edita sunt non retrò; et si post dejectionem fœtus aut pecora mortua sint vel villâ incendio consumptâ, æstimatio debebitur quia ipso tempore delicti plus quàm frustator debitor constitutus est.

§ II. *De vi armatâ.*

Hujus formula ex M. Tullio ità ferè colligitur : « Unde tu illum dejecisti vel familia tua vel procurator tuus dejecerunt vi hominibus coactis armatis ve eò illum restituas » V. *Pro Cœcinâ chap.* xix *antiquitus Prætor detrudere non dejicere usurpabat. V. eod.*)

Est autem restitutorium ac de soli rebus tantum nec de mobili redditur, à superiori tamen distat, primùm quod de vi armatâ tantum datur. Arma accipiebat Ulpianus omnia tela, fustes, lapides, gladios, hastas framæas; et si unus vel alter gladium te nuerat, possessor armis dejectus videbatur; et si inermes venerant posteà in ipsâ concertatione telis uterentur, idem et si armati dejecerunt licet armis non sunt usi ad dejiciendum. Quæ prorsùs omnia jam à Tullio recepta fuerunt (*Cf. Pro Cœcinâ chap.* 16, 17, 18, 19, 20 *et l.* 3 *Unde vi.*)

Secunda differentia est. quod interdicto de vi armatâ is qui dejectus fuerat rem recipiebat licet vi aut clàm aut precario possedisset; (V. *l.* 14 *de vi*; *Gaïus*, IV, 155) et ità formulam dari « sine ullâ exceptione » non ineleganter Tullius aït. Cæterùm arma armis repellere licebat, » sed hoc confestim non ex intervallo; imo et si quis dejectus fuerat rursùs in continenti dejicere ; Cujacius monet ex Basilicis intrà duas horas haberi « in continenti » sed l. 3. p. 9, satis repugnare videtur.

Tertia differentia accedit; nam, licet iisdem personis et contrà eosdem ferè Undè vi et de vi armatâ competant, hoc tamen liberis contrà parentes libertis contrà patronos atrocitatis odio datur.

Ea demùm quarta differentia est quod perpetuò non tantum intrà annum competere de vi armatâ docet Tullius (*Ep. ad Cassium* XV, 16) igitur l. 3 p. 12 à Tribonanio videtur interpolata.

Quidam et eò distare inter se duo interdicta putaverunt, quod si vis armata adhiberetur Prætor possessionem in dejecto non requirebat : sed licet M. Tullius argumento venit, (V. *pro Cæcinâ chap.* 30 *et* 31) credo exceptionem propterèa remotam ut daretur interdictum si possessio vitiosa non etiam si nulla fuisset. Quomodò enim interdicto adversùs te experiar qui ne adversùs alium quemquam ? videtur ergò Tullius ità dixisse ut causa non ut ratio juris postulabat, nec ipse argumento satis fisus quippe qui Cœcinam possedisse summâ deinde ope contendat. Magis est ut Calpurnio Pisoni (*pro Cæcinâ chap.* XII) obtemperemus et qui non possidet si depulsus injuriarum agere debeat.

(V. *l.* 1, § 23 *et* 26; *l.* 3 p. 14; *l.* 18 *quamvis omnes ad vim cot tidianam spectant.*)

Nec non interdictum de vi armatâ Ciceronis temporibus famosum fuisse ex eâdem oratione conjici possit; (V. *chap.* 2 *in fine et chap.* 3 *et* 4 *Ed. Leclerq.*) Sed obstat l. 13 de vi et l. 32, de pœnis ; et quamvis dici possit utriusque interdicti vi exequatâ has leges adulteratas fuisse : Qui Prætor illud interdictum contrà parentem et patronum dedisset cum actiones denegaret si modò essent opinione ne lege quidem famosæ? (V. *l.* 1, *l.* 5, 6 *et* 7 *de obsequiis*) igitur orationis verba ad eam infamiam referri possunt quœ existimatione potiùs quàm legitimâ notâ constabat, (V. *l.* 1, § 43, *Undè vi.*)

De precario.

(Dig., lib. XLIII, tit. 26.)

Hoc interdictum Prætor proponit his qui rem alienam precario habent : primùm igitur nobis de ipsâ precarii conventione deinde de interdicto dicendum est.

§ I. De Conventione precarii.

Precarium est quod precibus petenti utendum conceditur quamdiù is qui concessit patitur. Hoc liberalitatis genus à donatione differt ; commodato autem similius est, eo tamen distat quod ex voluntate domini totum pendet. Eò amplius omnes res sive soli sint sive mobiles ipsa quidem quæ in jure consistunt precario recte habentur, res soli utique Labeonis tempore commodatum recipere non videbantur. (V. l. 1. § 1. commod. l. 17. pr. de Præsc. verb.)

Precarium ab adhibitis precibus nomen trahit, et descendit ex jure gentium , cum nulla propter hoc civilis actio antiquitus sed interdictum tantùm redderetur ; ex eo autem originem habuisse non ineleganter dictum est, quod Patricii , ut Festus refert, clientibus suis peculii more quodammodo et tanquàm filiis agros publicos concederent ; tùm etiàm utilissimum fuit creditoribus , ut pignus cum adhuc utilis serviana non extaret à debitore precario rogatum reciperent *. Sanè conjectura valet, inductam precarii conventionem et interdictum datum eorum gratiâ qui nullam actionem haberent ad rem recuperandam (V. supradictas. l. 1. commod. l. 17 de Præscr. verb. V. Gaïus, II, 7; l. 6 ; § 4, de Precario infin.)

Jam quæ res precario habeantur satis liquet ; obiter tamen sciamus « rei suæ precarium nullum esse » (L. 4, § 3.) nec obstat

---

* *Precarium utilissimum erat creditori etiam si debitor ei rem mancipio dedisset nam eo casu usuræceptio locum non habebat.* (V. Gaïus, 11, 60)

quod debitor rem pigneratam à creditore rectè precario habet, ibi enim precarium in pignore non in re consistere videtur. Habeo autem precario non solum si ipse rogavi, sed si procurator me mandante vel ratum habente rogaverit; et ab aliquo precario habemus non solum si ipse sed etiam is cujus heres extitit vel si servus rogatus est.

Precarium vel inter præsentes vel inter absentes consistere, veluti per nuntium aut epistolam, imò et tacitè quidem potest, nempè si eum qui precario habet finito tempore dominus possidere patiatur nam eo casu precarium redintegratur.

Quod ad possessionem spectat duplex est causa precarii, aut enim rogat quis ut possideat aut tautùm ut sit in possessione; et si de possessione rogavit omnibus interdicto potior erit nisi à quo precario habet : sin tantùm ut in possessione sit interdictum ei non competit quippe qui non possidet. Precarium die adjecto contrà voluntatem domini non durat, finito tamen tempore solvitur, item si conditio extiterit (V. *l.* 5, *l.* 11) vel si is qui precario possidebat ex aliâ causâ possidere cœperit, putà si rem conduxit vel emit. Finitur etiam precarium ejus morte qui rogavit, nam ipsi tantùm concessa possessio est; non rursùs ejus morte solvitur qui rogatus est sed ad heredem transit.

§ II. *De Interdicto precarii.*

Precarium interdictum ideò constitutum est ut qui precario concessit rem reciperet; ait enim Prætor « quod precario ab illo habes aut dolo malo fecisti ut desineres habere quâ de re agitur id illi restituas. » Hoc interdictum restitutorium est et tùm demum locum habebat cum nulla alia juris civilis actio foret; (V. *l.* 14 *et l.* 15 § 3) sanè quemadmodùm in aliis interdictis eò etiam in hoc ventum est ut cum actionibus concurreret; igitur et incerti condictio et præscriptis verbis actio est (*l.* 2, § 2, *l.* 19, § 2.) sed illud seriùs et progressu juris contigisse ipsa præscriptis verbis actio demonstrat.

De precario autem ei datur à quo quis precario habet, in eum

autem datur qui habet precario ; licet is non rogavit ille non rogatus est. Et in restitutionem veniunt res ipsa, fructus omnis denique causa quæ antea fuit. Cæterùm fructus ut solet editi tantum
interdicti tempore præstabuntur. Id si factum non fuerit, condemnatio fiet, in quantum interfuit actoris rem sibi restitui ex quo interdictum editum est. Culpam autem non præstat is qui precario
rogavit sed dolum tantummodo ; et jure cum precarium ex libe-
ralitate descendat. Culpa tamen dolo proxima continetu r.

De Precario etiam post annum competit cum non nunquàm in
longum tempus precarium concedatur.

APPENDIX DE JURE NOVO.

Hæc quidem de Interdictis dum formulæ et ordinaria judicia
in usu essent ac totum illud jus constaret quod vere Romanum
dicatur; superest ut paucis exponamus cum interdictorum ordinem jure novo, tum si quæ alia à junioribus principibus constituta
sunt.

§ I. Interdictorum novus ordo.

Cum tempore Diocletiani omnia judicia extraordinaria facta
sunt, toto jure conturbato, Præses vel Prætor qui anteà perrarò
solebat ipse extrà ordinem cognoscere cœpit ; nec ad judices pe-
daneos res remittebatur nisi paucis casibus et tantùm si frequentia
negociorum compelleret.

Ità quemadmodum actiones interdicta etiam novum ordinem rece-
perunt; (V. l. 3, C. in fin de Interd.)ut prorsùs interdictorum ordo
idem omninò atque in actionibus esset. Accessit Constantino impe-
rante formularum abrogatio, ità interdictorum ambages jam nullæ
et directò res expediri. Monet igitur Justinianus jam non reddi interdictum, sed perindè judicari sine interdictis ac si utilis actio
ex causâ interdicti reddita fuisset. (V. Inst. § 8, et C. 4, de
Interd.) Hoc etiam ipsâ tituli rubricâ in Pandectis significatur

(*Liv.* 43, *tit.* 1.) Quod ad utiles istas actiones pertinet, satis constat eas esse quæ jam pridem cùm interdictis concurrebant.

§ II. *Nova in quibusdam interdictis constituta.*

Uti possidetis et Utrubi eò inter se distabant jure vetèri quod in hoc possessio majore parte anni, retrorsùs numerati, in illo interdicti tempore tantum modò requirebatur. Sed utriusque vis à principibus exæquata est ità ut etiam in Utrubi possidere tum sufficiat cùm interdictum redditur.

Id autem jus ante Justinianum inductum apparet quamvis Diocletiani temporibus pristinum adhuc constatabat, (V. *frag. Vaticana*) nàm ille de novà constitutione satis modeste nec magnificentius ut de suâ prædicat. (V. *Inst.*) In Undèvi interdicto multa etiam nova accedunt; quod, Valentiniani constitutione, ad mobiles res pertinere videtur. (V. *l.* 7, *C. undè vi*; et § 1, *Inst. de bonis vi raptis*) Unde prorsùs animadvertas ut totum jus fuerit conturbatum, nam ob vim adhibitam, non possessio tantum sed dominium eripitur.

Hinc à Justiniano de vi cottidianà et de vi armatâ simul commixta et exæquata sunt, ut jam in undè vi exceptio absit nec vi nec clàm nec precario, de vi armatà ad annum redactum fuerit. Multa tamen in eo titulo oblivione præterita veteris juris vestigia permanserunt (V. *l.* 1, § 6, § 5o, § 43; *l.* 14.)

DROIT FRANÇAIS.

DE LA PRESCRIPTION

CONSIDÉRÉE SEULEMENT COMME MOYEN D'ACQUÉRIR.

(Code civil, liv. III, tit. 20.)

DES ACTIONS POSSESSOIRES.

(Code de procédure, liv. I, tit. 4.)

DIVISION.

Base des actions possessoires et de la prescription à l'effet d'acquérir, la possession se trouve ainsi le lien commun de nos deux matières ; les conditions requises pour agir au possessoire et pour prescrire étant d'ailleurs les mêmes, nous traiterons d'abord de la possession, des modes de l'acquérir, de la conserver, de la perdre, des preuves de la possession, enfin des actions spéciales qui la protégent et de la prescription à laquelle elle conduit.

DE LA POSSESSION.

Posséder une chose c'est l'avoir en sa puissance, pouvoir en user à sa volonté. Mais une question se présente : la possession est-elle un droit? Si d'abord elle ne nous offre qu'un simple fait, du moins il devient fécond en conséquences juridiques. Remontons aux principes du droit des gens, écartons un moment cette fiction qui sépare la propriété de la possession, nous les verrons se confondre, à l'origine on acquiert le domaine par l'occupation.

Plus tard seulement, quand la propriété déjà acquise s'oppose à une propriété nouvelle, le fait et le droit se séparent, ou plutôt du fait va naître un droit particulier.

Dans l'ordre primitif qui disait possesseur disait propriétaire. La loi part de là pour attribuer à la possession une présomption de propriété. Distincte alors du domaine la possession cherche toujours à réaliser leur ancienne alliance ; présumé propriétaire le possesseur le deviendra, jusque-là il aura des actions pour protéger son droit qui ne cédera qu'à la propriété prouvée.

Toutefois ces prérogatives, la loi ne les a pas accordées d'une manière aveugle. Pour avoir droit à sa sollicitude ; la possession doit être d'une certaine nature, réunir certaines conditions. C'est assez dire qu'il y a des possessions de diverses natures, toutes exclusives d'une possession de même espèce, comme un pouvoir indépendant est exclusif d'un autre pouvoir semblable. Si les actes qui révèlent la possession sont toujours à peu près identiques, l'intention interprète du fait vient le caractériser diversement ; il y a donc autant de possessions que l'on exerce de droits sur les choses. On possède la propriété, l'usufruit, l'usage, une servitude ; car moins subtil que le droit romain, notre Code admet la possession des droits ou plutôt la possession des choses à différens titres de droit. On possède aussi un état, on possède même dans un sens large une créance (1240, 1690) ; mais cette possession n'a rien de commun avec celle qui nous occupera d'une manière spéciale, la possession mère des actions possessoires et de la prescription.

Cette possession privilégiée ou civile, destinée à faire présumer la propriété, doit être à titre de propriétaire (art. 2229 C. civ. 23 C. proc.) Ainsi le fermier n'y saurait prétendre, il n'allègue pas de droit sur la chose, les Romains disaient qu'il ne possède pas, et nous, par un moderne abus de langage nous l'appelons possesseur précaire ; l'usufruitier, détenteur précaire quant à la propriété possède *animo domini* son droit d'usufruit ; mais ceux qui exercent des actes de possession par la pure tolérance du propriétaire, manquent essentiellement de *l'animus domini* : on ne peut voir là ni prétention rivale, ni renonciation du maître à son droit; et c'est pour cela que les actes de tolérance ne sauraient fonder la possession civile.

Il ne suffit pas que la possession soit à titre de propriétaire, si elle est discontinue, interrompue, violente, clandestine, équivoque, tous ces vices absolus ou relatifs, accidentels ou inhérens à son essence même, l'entacheront d'une manière diverse (art. 2229.) D'abord elle doit être continue, des actes isolés, sans unité, faciles à expliquer d'ailleurs par la tolérance du propriétaire seront toujours inhabiles à constituer une possession civile. Ce vice est naturel et absolu ; les servitudes discontinues nous en donnent un exemple (688 et 691.) Le titre précaire est aussi un vice naturel et absolu, opposable par toute personne. Une possession interrompue cesse par la même d'être continue, mais elle l'a été d'abord, ce vice purement accidentel est absolu puisque * ma possession se trouve exclue par un autre (art. 2243 C. civ.) L'équivoque, entourant d'incertitude l'intention qui a présidé aux actes, fait douter si l'on a possédé pour soi ou pour autrui, que le doute soit levé, la possession aura toujours été à titre de propriétaire.

La clandestinité et la violence, tant qu'elles durent, ne fondent pas une possession utile, la loi ne peut donner d'effet à des actes illicites ou ignorés ; il faut avant tout que le propriétaire ait eu la liberté de repousser l'usurpation et la faculté de la connaître. D'après ces motifs même, le vice sera toujours relatif, et quand il aura cessé la possession violente ou clandestine, à son principe, deviendra efficace à l'avenir (art. 2233.)

Image de la propriété, la possession peut s'appliquer seulement à des objets susceptibles du domaine privé, jamais par conséquent aux choses publiques. Parmi les choses incorporelles elle s'appli-

---

* L'interruption civile de la prescription n'attaque en rien la possession même.

quera aux droits réels, si leur nature admet la continuité et la publicité ; mais on ne possède pas civilement une créance, la possession n'est pas un mode d'acquérir des obligations.

Pour posséder, il faut d'abord la volonté jointe à la détention matérielle. La volonté de posséder c'est *l'animus sibi habendi*, sans elle il n'y a qu'un fait inefficace. Les personnes incapables de vouloir, les fous, les enfans ne peuvent acquérir la possession par eux-mêmes ; mais ce serait pousser trop loin la subtilité que de leur assimiler avec la loi romaine (*l.* 1, § 22, *de adq. poss.*) les corporations et les communautés. En résumé, si la volonté est nécessaire elle suffit quand elle existe, un mineur doué de raison, un fou dans un intervalle lucide acquierront la possession. Le fait doit s'entendre d'une manière large, sans appréhension de la chose même dès que je l'ai en mon pouvoir je possède.

La volonté personnelle du possesseur n'est même pas toujours indispensable, le fait jamais. A Rome, on avait sur les deux points dérogé à la rigueur des anciens principes (*l.* 1, § 20, *de acq. poss. l.* 32, § 2, *eod*) et maintenant les représentans légaux des incapables acquièrent pour eux la possession (450), le mandant l'acquiert par son mandataire, dans un cas la volonté, dans l'autre le fait sont utilement suppléés par une volonté et un fait étrangers.

La possession acquise *animo et corpore* se conserve par l'intention seule ; l'on possède dès-lors *animo solo* sans volonté positive, pourvu qu'elle ne soit pas contraire, ainsi l'on possède dans la folie ; un héritier saisi, une succession vacante, continuent la possession du défunt.

On retient la possession comme on l'acquiert même par le fait d'autrui ; mais la volonté de l'instrument nécessaire pour acquérir est indifférente pour conserver, bien plus la volonté contraire de celui qui possède pour moi reste impuissante, car il ne peut lui-même se changer son titre.

La possession se perd ou du gré du possesseur qui l'abdique, ou contre son gré par une possession étrangère qui l'exclut. On perd la possession volontairement en la transmettant à un autre, tantôt par le double dessaisissement de fait et de droit, qui résulte de la tradition, tantôt par un simple changement de titre. Ainsi, le vendeur possédait pour l'acheteur, dans l'ancien droit, en vertu de la clause *de constitut*, et sous notre Code, ami de la simplicité, le seul fait de la vente doit constituer le vendeur possesseur, à titre précaire, si l'acheteur remplit ses obligations. (V. *l.* 38, *de acq. poss. l.* 18 *undè vi*, malgré la loi 18 *de acq. poss.*)

L'abandon de la possession la fait aussi perdre en principe, mais il ne se supposera pas facilement.

Le possesseur chassé d'un héritage en perdait sur-le-champ la possession chez les Romains. Nos coutumes modifiant ces principes, avaient admis d'après Simon de Bucy qu'il la conservait éventuellement tant qu'il avait encore l'action possessoire. Le délai expiré, il était dépossédé du moment du trouble; tel est aujourd'hui le système du Code (art. 2243.)

La possession des meubles se perd plus facilement que celle des immeubles : dès qu'ils ne sont plus sous notre garde, nous cessons par là même de les posséder. Nous expliquerons au chapitre de la prescription, les effets importans de la possession des meubles.

Il nous reste à dire comment la possession se prouve. Les faits qui la constituent n'étant pas de ceux dont on se procure une preuve écrite, elle admettra la preuve par témoins. Mais à cet égard nous trouvons dans le Code même, des présomptions qui serviront à nous guider : d'abord, pour éviter une recherche d'intention souvent difficile, « on est censé posséder pour soi s'il n'est prouvé qu'on a commencé à posséder pour un autre. » Par des motifs analogues, la possession commencée est présumée se continuer au même titre, sauf la preuve contraire (2230, 2231); bien plus, si le titre est précaire, l'intention manifestement prouvée ne le changera pas sans une interversion légale (art. 2238); il y aurait eu trop de dangers à admettre la conversion d'une possession précaire en une possession utile; aussi l'ancien principe introduit par les Romains, dans la crainte de l'usucapion lucrative, « *neminem sibi ipsum causam possessionis mutare posse* » se trouve-t-il maintenu par notre Code (art. 2231 et 2238.)

Enfin celui qui prouve avoir possédé anciennement est censé avoir possédé dans le temps intermédiaire, sauf la preuve contraire *« probatis extremis præsumuntur media »* Au reste, la loi quand elle exige dans la possession une certaine durée tient compte à l'ayant-cause de la possession de son auteur (2235.) Toutefois ce principe s'applique diversement aux successeurs universels ou particuliers : les premiers ne commencent pas une possession nouvelle, ils continuent celle de leur auteur avec ses qualités et ses vices essentiels (2237, 2240, 2269). Tel est le sens de l'ancien adage *« succedunt in vitia et virtutes. »* Le successeur particulier au contraire commençant de son chef une possession indépendante, celle de son auteur lui servira si elle est utile, sans lui nuire si elle est vicieuse.

DES ACTIONS POSSESSOIRES.

La possession est un droit précieux qu'il faut préserver des contestations et des troubles, tel est le but des actions possessoires. Bien qu'un savant jurisconsulte ait voulu leur trouver dans la loi Salique une origine nationale, elles paraissent se rattacher aux interdits modifiés par nos coutumes. Renvoyant pour l'histoire de la législation romaine à la partie latine de cette Thèse, bornonsnous à jeter un rapide coup-d'œil sur notre ancien droit.

Les établissemens de saint Louis et Beaumanoir distinguent trois espèces de trouble donnant lieu à l'action possessoire : force, dessaisine, trouble nouveau ; la dessaisine, c'est la dépossession, elle a lieu avec ou sans force ; le trouble nouveau menace la possession sans la ravir. En général, pour agir il faut la saisine ou possession annale ; l'action aussi est annale à partir du trouble, et sur ce point la disposition du droit romain imparfaitement reproduite (*l.* 1 *ff. uti poss. et l.* 4 *de interd.*) nous expliquerait peut-être la condition de la saisine, puisqu'une année est nécessaire, mais suffisante, pour prescrire la possession.

Toutefois si la dépossession a été violente, avant tout examen du fond et sans y préjudicier, le possesseur sera rétabli quelque soit le titre ou la durée de sa possession, et souvent, dit Beaumanoir, « pour *telle chose qui emporterait la hart.* » Au quatorzième siècle, on admit avec Simon de Bucy, qu'on n'était pas dessaisi tant qu'on avait l'action possessoire, et il n'y eut plus dès-lors que la complainte en cas de saisine et nouvelleté.

L'ordonnance de 1667, en distinguant formellement la complainte et la réintégrande, n'exigeait ni dans un cas ni dans l'autre, la possession annale ; mais pour la complainte, la jurisprudence avait suppléé son silence.

Quelles sont aujourd'hui les actions possessoires ? Malgré la rédaction générale du Code de procédure en ce qui touche la matière, l'article 2060 du Code civil, l'intention de ne rien innover formellement exprimée dans la discussion et les motifs d'un titre improvisé, ou la plus importante théorie se trouve serrée en cinq articles, ne me permettent pas de douter qu'on a voulu s'en tenir aux idées anciennes, et qu'aujourd'hui encore, il faut distinguer la complainte de la réintégrande.

Corrélatives des anciens interdits *retinendæ et recuperandæ possessionis*, la complainte et la réintégrande ont pour cause un trouble apporté à la possession par une possession rivale qui l'attaque en son existence même. Dès l'abord cependant une différence se présente, la réintégrande se fonde sur un trouble violent qui a détruit la possession ; dans la complainte la possession subsiste mais menacée, le trouble n'est pas nécessairement violent, il peut être de droit comme de fait. Le demandeur en réintégrande conclut à sa restitution et à des dommages-intérêts, que la loi assure par une voie d'exécution rigoureuse (2060 Code civ.) Le demandeur en complainte a la cessation du trouble, mais sans une aussi violente répression.

Ces deux actions comprennant toutes les attaques dont la possession même peut être l'objet, il serait oiseux de compter dans une énumération d'ailleurs incomplète autant d'actions que de troubles divers. La dénonciation de nouvel œuvre, admise par notre ancien droit d'après la loi romaine, ne doit pas même aujourd'hui faire l'objet d'une distinction, car cette demande en suspension des travaux sera un incident du possessoire ou du pétitoire.

Cela posé, quels sont aujourd'hui les objets susceptibles d'admettre l'action possessoire? D'abord il faut en exclure les meubles, dont la possession en général équivaut à la propriété même (2279.) Si par exception la suite en est permise, elle aura lieu seulement par la voie du pétitoire. Les immeubles par leur nature, leurs accessoires réputés immeubles, les droits réels immobiliers donnaient seuls dans l'ancienne jurisprudence matière à la complainte et à la réintégrande, en droit romain aux interdits *uti possidetis et undè vi.* Tels sont encore nos principes en observant cependant que la nouvelle classification des meubles et des immeubles exclura nos actions pour tous les droits qu'aujourd'hui l'on ne saurait plus qualifier d'immobiliers.

Nous savons déjà quelle possession sert de base aux actions possessoires, par une fusion de principes inconnue au droit romain, la possession *ad interdictum* s'identifie avec la possession utile pour prescrire. Sans revenir ici sur les qualités qu'elle doit réunir et les vices qui l'entachent d'une manière diverse (V. *supra* de la possession et C. civ. 2229, C. proc. 23), attachons nous à cette nouvelle condition de la possession annale empruntée par le Code à notre ancien droit, et l'objet des principales difficultés de la matière. Soit qu'on y voie une sage exigeance de la loi qui protége seulement une possession certaine, soit qu'on y trouve une explication historique, la saisine, aux termes de l'art. 23, est nécessaire pour agir au possessoire. Mais cette règle est-elle donc inflexible? Oui, si l'on s'en tient à la lettre; non, si l'on consulte l'histoire, les principes, l'intention du législateur. La possession est préférée à droit égal; ce principe de tous les temps, le Code la maintenu par son silence même, et si nous trouvons là le fondement d'un droit que respecterait le juge, comment la violence l'aurait elle détruit? Aujourd'hui comme autrefois la réintégrande est donc exempte de la possession annale, que si l'on objectait l'incompétence du juge, la loi de 1790 répondrait; car elle a donné aux juges de paix les actions possessoires telles

que l'ordonnance les avait faites, et si le Code a oublié la réintégrande, par cela même il n'a pu l'abroger.

La complainte seule exigera la possession annale. Pour la com-
pléter on peut joindre à la sienne la possession utile de son auteur;
que si de part et d'autre les preuves étaient insuffisantes pour
atteindre la borne légale, sans accorder la récréance comme
autrefois, le juge pourrait ordonner le séquestre et renvoyer les
parties au pétitoire.

La loi dans les art. 2229 C. civ. et 23 C. proc., en accordant
l'action à ceux qui possèdent à titre de maître, la refuse à ceux qui
possèdent pour autrui. Toutefois une distinction est nécessaire en
faveur des possesseurs de droits réels immeubles, détenteurs pré-
caires, sous un rapport, ils ont *l'animus domini* sous un autre.
L'usufruitier, l'usager, l'emphytéote, comme le propriétaire,
auront l'action possessoire, chacun en ce qui concerne son droit;
le mari l'a pour les biens de communauté de son chef, pour les
biens dotaux et les propres du chef de sa femme, le tuteur
l'exerce pour le mineur qu'il représente.

Un mot nous reste à dire sur la compétence et quelques règles
spéciales à nos actions. Les juges de paix sont investis par la loi
du 24 Août 1790, d'une juridiction exclusive en matière possessoire, le législateur en commettant un magistrat local à l'examen
des faits multipliés de possession ou de trouble, assurait à la fois
une justice plus sûre et moins coûteuse; mais l'utilité de cette
juridiction spéciale bornée à la constatation du possessoire devait
s'y resteindre naturellement.

Toutefois, on se méprendrait sur le but et l'origine des
règles consacrées par les articles 24 et 25 du Code de procédure,
si l'on y voyait seulement le corollaire de l'incompétence du
juge de paix en matière immobilière. Ces règles, en effet, em-
pruntées par le Code à une législation où les juges du possessoire
l'étaient aussi du pétitoire, ne font que reproduire la vieille
maxime « *Spoliatus ante omnia restituendus* » le but, c'est de fixer
les rôles au pétitoire, d'assurer à la possession toute son efficacité;
aujourd'hui ce motif et les bornes mêmes de son institution

concourent pour interdire au juge de paix, l'examen du fond du droit; vainement alléguerait-on un droit de propriété, vainement en exciperait-on, il ne consultera les titres que pour caractériser la possession même; vicieuse par sa nature, un titre de propriété ne la validera pas; valable, un titre contraire ne saurait l'infirmer.

Par une conséquence de cette règle, aujourd'hui, comme autrefois, les deux instances ne peuvent marcher ensemble, on surseoira au pétitoire jusqu'à la fixation des droits du possesseur. Mais se trouve-t-il placé dans cette position favorable que la loi voulait lui voir assurer ? Qu'est-il besoin désormais de deux instances ? Cette manière plus simple d'arriver au but, devait être l'objet des désirs du législateur. À cet effet, l'article 26 établit une présomption légale, préférable à la distinction subtile d'Ulpien, (*l.* 12, § 1, *de acq. poss.*) le demandeur au pétitoire a renoncé par là même à la possession. Toutefois dictée par la faveur du possesseur, cette règle ne devra pas tourner à son désavantage. Prévenu par une demande en revendication, le principe même qui défendit le cumul, lui réserve son action au possessoire ; le cumul prohibé par 25, n'a lieu qu'autant que les deux actions sont intentées à la fois par la même partie, ou que le défendeur sur le possessoire a recours à la revendication.

Une autre conséquence de la maxime *spoliatus ante omnia restituendus* est consacré par l'art. 27 du Code de procédure ; mais les motifs et les termes mêmes de la loi feront appliquer au seul défendeur condamné l'empêchement d'agir au pétitoire, jusqu'à parfaite satisfaction.

DE LA PRESCRIPTION À L'EFFET D'ACQUÉRIR.

La prescription est un moyen d'acquérir ou de se libérer, (art. 2219.) C'est sous le premier point de vue seulement que nous allons l'envisager; ainsi considérée, on pourrait la définir avec exactitude « moyen d'acquérir fondé sur une possession dont la loi détermine les caractères et la durée. »

Si l'intérêt public motive assez son institution, (*l.* 1 , *de usuc. ff.*) elle se justifie d'ailleurs en morale par une renonciation probable du propriétaire; et mieux encore, par cette présomption naturelle que le possesseur est propriétaire et a perdu son titre.

Le nom même de la prescription accuse son origine Romaine; *præscriptio* dans un sens général, indiquait une restriction de la formule *præscriptio longi temporis*, spécialement l'exception qui protégeait le possesseur contre une action réelle, (*Gaius* IV , 132, *l.* II , *ff. de excep.*) toutefois, à l'usucapion seule appartenait la puissance de le conduire au domaine, (*l. 3, ff. de Usuc.*) et la *præscriptio longi temporis* n'a acquis cette vertu que par la fusion Justinienne. (V. *C. de Usuc. transf.*) Nous ne suivrons pas cette institution dans ses variations coutumières , bornons-nous à dire , qu'en général , on admettait la prescription décennale avec titre et celle de trente ans qui le faisait présumer; mais dans l'une et dans l'autre les scrupules des canonistes exigeaient la bonne foi continue.

Le Code a conservé ces deux branches de la prescription , toutefois , avec des modifications importantes. Avant d'en traiter séparément, examinons leurs principes communs.

Admise chez tous les peuples, léguée par les Romains à l'Europe , on doit considérer la prescription comme de droit des gens; l'application du statut réel doit rendre d'ailleurs cette application facile en ce qui nous concerne.

La renonciation anticipée à la prescription moyen d'acquérir , doit être permise malgré la généralité des termes de 2220, puisqu'elle rendra la possession précaire ; la renonciation à la prescription acquise est de droit commun (art. 2221) ; mais elle suppose nécessairement la capacité d'aliéner et ne s'aurait préjudicier aux tiers (2225 , 1167). L'usage de la prescription devant rester abandonné à la consience , le juge ne saurait le suppléer.

Examinons maintenant les objets susceptibles de ce mode d'acquisition , ses conditions légales, les causes qui lui font obstacle.

On peut prescrire en général ce qui est dans le commerce ,

jamais ce qui en est exclus, ainsi l'état des personnes; les choses
du domaine public (538, 540, 542.) Toutefois cette seconde
proposition ne doit pas s'étendre aux *biens* déclarés inaliénables,
si par une disposition spéciale la loi ne les déclare imprescriptibles
(1554, 1560), ainsi (1561) nous voyons la prescription com-
mencer pour le fonds dotal quand l'inaliénabilité dure encore.
L'état, les communes, les établissemens publics, sont d'ailleurs
aujourd'hui soumis, quant à leurs *biens,* aux prescriptions ordi-
naires.

Pour prescrire avant tout, il faut posséder et la première
règle en cette matière est « *tantum præscriptum quantum pos-
sessum.* » Déjà nous avons déterminé les caractères de la possession
utile (V. sup. de la possession et 2228, 2229) et les vices qui la
rendent au contraire inefficace. Toutefois il est des causes indépen-
dantes de la possession même qui interrompent ou suspendent la
prescription.

L'interruption civile inconnue dans la loi Romaine, résulte
seulement ici d'une demande judiciaire * ou de la citation en
conciliation. (V. 2245 et 57 C. proc.). Le propriétaire témoigne
assez qu'il ne renonce pas à son droit, et les retards du jugement
ne sauraient lui porter préjudice.

Du reste, fondée sur une intention légalement prouvée d'exercer un droit effectif, l'interruption devra être non avenue si
l'assignation est nulle, la demande rejetée, périmée ou suivie
de désistement; cependant, par une faveur difficile à justifier en
principe, la citation devant un juge incompétent opérera l'interruption civile. D'après son motif même, l'interruption civile
ne doit profiter qu'à son auteur. (V. 2247 et 2243; V. *pourt.* 710).

L'interruption efface tout le temps antérieur, la suspension, au
contraire, arrête seulement le cours de la prescription. Elle résulte en général d'une impossibilité d'agir; mais pour pouvoir

---

* La reconnaissance qui fera posséder à titre précaire se rattache plutôt à
l'interruption naturelle (2248.)

l'invoquer aujourd'hui, l'on doit se placer dans une exception légale (2251.)

L'incapacité des interdits et des mineurs, la restitution qui leur est ouverte (509); d'autre part les rapports des conjoints qui empêchent l'action entr'eux, et impriment à leur possession réciproque un caractère de tolérance, motivent suffisamment les dispositions des art. 2252 et 2253.

La femme mariée n'est pas proprement incapable (1125); elle peut agir, soit par elle-même, soit par son mari. La prescription court donc en général contre elle; mais cette règle souffre trois exceptions. La première a pour but d'assurer l'inaliénabilité dotale, ce motif doit la rendre inapplicable aux prescriptions commencées avant le mariage; bien plus, après la séparation de biens, toute prescription autre que celle de l'action révocatoire, commencera à courir à l'égard du bien dotal. L'état dépendant de la femme, son affection pour son mari, faisant obstacle à une action qui réfléchirait contre lui, déterminent une seconde exception à la régle. La troisième enfin (et l'art. 1509 nous en donne un exemple peut-être unique), se confond avec la règle générale, qui suspend la prescription à l'égard d'un droit conditionnel ou à terme, avant l'évènement du terme ou de la condition (art. 2256 et 2257.)

L'héritier bénéficiaire possédant pour la succession ne saurait prescrire contre elle, ni la succession contre lui; mais la prescription court contre une succession vacante même dépourvue de curateur et contre l'héritier dans les délais pour faire inventaire et délibérer, car, dans les deux cas, il n'y a pas impossibilité d'agir.

La seconde condition de la prescription c'est que la possession se prolonge pendant le temps fixé par la loi. On le compte uniformément par jours et non par heures (V. *l. 6, de usucap* et *l. 3, § 3, de min.*) en omettant le jour du point de départ. Le Code abrogeant la distinction ancienne exige l'accomplissement du dernier jour (*l. 15, de div. temp. et l. 6, de obl. et act.* Potier de la prescr., n° 102). Quant au jour intercalaire, on devrait encore comme dans la loi romaine., ou l'identifier avec celui qui le précède, ou l'omettre quand il arrive à la fin du terme. (V. *l.* 96 , *de verb. sign.*)

Le temps de la prescription varie suivant que le possesseur a titre et bonne foi ou que l'une des deux conditions lui manque : parlons d'abord de la prescription trentenaire.

§ I. *De la Prescription trentenaire.*

La prescription trentenaire, qui forme le droit commun pour tous les cas non prévus par la loi, s'applique aujourd'hui au possesseur, dont l'absence de titre rend la bonne foi suspecte ; bien plus, par une dérogation notable à la loi ancienne ou les trente ans faisaient sculement présumer le titre et le titre la bonne foi, le possesseur aujourd'hui prescrira malgré sa mauvaise foi prouvée.

Du reste, l'énoncé trop général de l'art. 2262 doit se restreindre par les principes généraux qui exigent pour acquérir une possession utile. Le détenteur précaire, qui ne peut prescrire par aucun laps de temps, aura prescrit par trente ans l'action personnelle résultant de son contrat ou de sa faute, jamais l'action réelle. Sous un autre point de vue la prescription acquise contre la revendication ne sera pas une simple exception, elle conférera la propriété franche de toutes charges, si la possession a été pleine et entière.

§ II. *De la Prescription par dix et vingt ans.*

Un acquéreur d'immeuble, s'il a cru recevoir la propriété de son auteur, mérite toute la sollicitude de la loi quand son opinion a été trompée. Aussi les Romains admettaient-ils à l'usucapion celui qui, réunissant une double condition, justifiait par le titre d'une bonne foi fondée sur son ignorance plausible. Justinien modifia les délais sans changer les principes, *l'usucapio* devint *la præscriptio longi temporis.* Le possesseur, dans cette législation passée dans la plupart de nos coutumes, acquérait par dix ans quand le propriétaire était domicilié dans sa province, par vingt ans quand il était absent. Le Code, par une disposition plus rationnelle, règle diversement le temps de la prescription en comparant la résidence du propriétaire avec la situation de la chose. On prescrit donc par dix ans s'il habite le ressort de la Cour Royale, par vingt ans dans le cas contraire, dès-lors en cas de déplacement successif, deux années d'absence comptent pour une année de présence. Cette prescription essentiellement applicable aux immeubles exige, comme autrefois, le titre et la bonne foi.

Arrêtons-nous à cette double condition.

La loi romaine distinguait soigneusement les différens titres. Chez nous, gratuits ou onéreux, peu importe; tous auront le même effet, s'ils sont translatifs de propriété, en ce sens, qu'émanés du maître véritable, ils auraient conféré le domaine à l'acquéreur. Le titre pour fonder la bonne foi doit être sérieux; et si la loi subordonne son existence à des formes rigoureuses, en l'absence des solennités exigées, il ne se justifie que par une erreur de droit insuffisante pour acquérir. J'en dis autant de la nullité intrinsèque du titre si elle est absolue. Mais si le titre renferme seulement une nullité relative, valable jusqu'à la rescision, il peut dès-lors servir de base à la prescription décennale.

La bonne foi, c'est la *justa opinio quæsiti dominii*; la preuve ne peut en incomber au possesseur puisqu'elle consisterait surtout dans un fait négatif, *ignorantia rei alienæ;* le titre la fait présumer sauf preuve contraire. Il faudra et il suffira donc, pour que le possesseur soit de bonne foi, qu'on n'établisse pas sa connaissance d'une propriété étrangère; mais ce serait exagérer l'effet de la bonne foi et confondre les deux conditions en une que d'assimiler le titre putatif au titre réel. (V. *cep. l.* 11, *pro. empt. ff. l.* 5, § 1, *pro suo*).

Moins sévère que l'ancien droit Français envers un acheteur malheureux, le Code, comme la loi Romaine, se contente de la bonne foi *lors de l'acquisition;* de cette même époque doit ce semble courir aujourd'hui la prescription; cela d'ailleurs est plus conforme à la simplicité des nouveaux principes (711.) (V. *sup. de la possession*, p. 24.)

§ III. *De la Prescription en ce qui concerne les meubles.*

La prescription en ce qui concerne les meubles est soumise à

des principes spéciaux. Leur aliénation journalière et facile se cons-
tate d'ailleurs rarement; ainsi chez les coutumes, *en fait de
meubles, la possession vaut titre et fait dès-lors présumer la bonne foi.*
Le Code adoptant le principe en a encore étendu le bénéfice ;
le possesseur, si l'on n'établit pas sa mauvaise foi, acquiert la
propriété même. Cette règle souffre exception seulement pour
les choses perdues ou volées; et même en ce cas, par une faveur
spéciale, le possesseur trois ans *après le vol ou la perte* est à
l'abri de la revendication. Bien plus, dans ce délai même,
l'acheteur s'il n'est pas en faute (2280), ne devra rendre la
chose qu'en recevant le prix. Mais cette double faveur restant
d'après les termes et l'esprit de la loi inapplicable au possesseur
de mauvaise foi, il reste pendant trente ans exposé à la revendication pure et simple.

QUESTIONS.

I. Le possesseur chassé par violence peut-il se faire réintégrer
quoiqu'il n'ait pas la possession annale? Oui, sans préjudice du
droit de son adversaire possesseur annal.

II. Peut-on exercer l'action possessoire pour les servitudes
discontinues ou non apparentes lorsqu'on a un titre? Non.

III. La possession n'est-elle pas en général une matière indé-
terminée sujette dès-lors à l'appel? Oui.

IV. Peut-on joindre à sa possession celle du défendeur condamné à nous restituer la chose? Non.

V. La sommation de payer ou délaisser faite au tiers détenteur
opère-t-elle interruption? Non.

VI. La prescription à l'effet d'acquérir court-elle contre la
propriété conditionnelle? Oui.

VII. Peut-on acquérir les servitudes et droits réels par la
prescription de dix et vingt ans? Oui , mais avec distinction pour
les servitudes.

VIII. Peut-on se libérer des droits réels par le même mode?
Oui, sans distinction.